AF358309

Vente du Samedi 28 Décembre 1872

HOTEL DROUOT, SALLE N° 8

OBJETS

DE LA CHINE

EXPOSITION PUBLIQUE

LE VENDREDI 27 DÉCEMBRE 1872

M° GUÉLON-DUBREUIL | MM. DHIOS ET GEORGE
COMMISSAIRE-PRISEUR | EXPERTS
Boulevard Sébastopol 5 | Rue Le Peletier 55

PARIS — 1872

Vve RENOU, MAULDE ET COCK

IMPRIMEURS DE LA COMPAGNIE DES COMMISSAIRES-PRISEURS

Rue de Rivoli, 144

CATALOGUE

D'OBJETS DE LA CHINE

BRONZES

ÉMAUX CLOISONNÉS

Porcelaines

Ivoires sculptés, Jades, Laques, Albums, Étoffes

Peintures, Fourrures chinoises

DONT LA VENTE AUX ENCHÈRES AURA LIEU

HOTEL DROUOT

SALLE N° 8

Le Samedi 28 Décembre 1872

A DEUX HEURES

Par le ministère de M⁰ **GUÉLON-DUBREUIL**, Commissaire-Priseur,
boulevard de Sébastopol, 3,

Assisté de **MM. DHIOS** et **GEORGE**, Experts, rue Le Peletier, 33.

EXPOSITION PUBLIQUE

Le Vendredi 27 Décembre 1872, de 1 heure à 5 heures.

PARIS — 1872

CONDITIONS DE LA VENTE

La vente aura lieu au comptant.

Les Adjudicataires paieront CINQ POUR CENT, en sus des prix, applicables aux frais.

L'exposition mettant les Amateurs à même de se rendre compte des Objets, il ne sera admis aucune réclamation une fois l'adjudication prononcée.

ÉMAUX CLOISONNÉS

1 — Deux grandes Vasques enrichies de plantes
marines en émaux de couleurs sur fond rouge.
Elles ont un rebord en cuivre uni.

Haut., 36 c.; larg., 46 c.

2 — Deux Vasques profondes, décorées de fleurs,
branchages et rinceaux en émaux de couleurs
sur fond bleu turquoise.

Diam., 42 c.

3 — Deux Vases, forme balustre carrée, décorés
d'habitations chinoises, de fleurs et oiseaux en
émaux de couleurs sur fond bleu turquoise.

Haut., 52 c.

4 — Deux Vases, forme cylindrique, à col rétréci et
évasés du haut, ornés de six médaillons de
pivoines, fleurs variées et branchages, sur fond
blanc et sur fond bleu turquoise.

Haut., 41 c.

5 — **Deux autres Vases** de même form décorés de papillons, rosaces et frises à trèfles sur fond bleu turquoise.

Haut., 41 c.

6 — **Deux Vases**, forme balustre, à riche ornementation de poisson, fleurs et rinceaux en émaux de couleurs sur fond bleu turquoise.

Haut. 40 c.

7 — **Deux autres Vases** ornés de fleurs et ornements sur fond rouge.

Haut., 37 c.

8 — **Deux Vases**, à panse sphérique et col rétréci, décorés de fleurs et rinceaux de couleurs sur fond bleu turquoise.

Haut., 41 c.

9 — **Autre paire de Vases**, analogue à la précédente, et de même dimension.

10 — **Deux Perroquets**, formant brûle-parfum, en émaux de couleurs bleu, jaune et blanc. Deux jolies petites pièces en pendants.

11 — **Bassin creux**, de forme ronde, décor à animaux et branchages en émaux vert et blanc. Vieux chine.

Diamètre, 35 c.

12 — **Deux Vases**, forme bouteille, à long col, ornés de fleurs rouges et rinceaux bleus sur fond blanc.

Haut., 33 c.

13 — **Deux Vases**, forme bouteille, à long col, décorés de papillons et rosaces sur fond bleu turquoise.

Haut., 33 c.

14 — **Deux Bouteilles** ornées de fleurs et branchages en émaux de couleurs sur fond bleu turquoise.

Haut., 23 c.

15 — **Deux petites Coupes** ornementées de fleurs et rosaces bleues et rouges, socles en bois de fer.

———

BRONZES

16 — **Cloche**, forme baril, en bronze, ornée d'arêtes, de têtes de clous et d'inscriptions en relief. L'anneau de suspension est formé d'un animal chimérique très-finement ciselé.

Cette pièce, très-ancienne, provient du palais impérial de Nankin.

Haut., 31 c.

17 — Beau Vase en ancien bronze de Chine avec anses à anneaux mobiles. Il est orné au col d'une frise gravée et, sur la panse, de cordages tressés en relief.

Haut., 38 c.

18 — Grand Vase, à panse ovoïde et col évasé, en ancien bronze chinois, orné au-dessous de la gorge de six chatons niellés.

Ancienne pièce d'une fort belle patine, socle en bois de fer.

Haut., 46 c.

19 — Chaufferette, de forme ovale, à anse double, en cuivre gravé, à médaillons d'ustensiles chinois, couvercle repercé à jour.

20 — Autre Chaufferette de forme ronde ornée de fleurs.

21 — Miroir, de forme ronde, orné d'un bas-relief à inscriptions, oiseaux et arbustes.

22 — Deux Figurines en bronze.

PORCELAINES

23 — Deux grands Vases en porcelaine de Chine, décorés d'un cortége de cavaliers dans un paysage.

Haut., 64 c.

24 — **Deux autres Vases** en porcelaine à médaillons ronds et rectangulaires, ornés de paysages, fleurs et papillons.

Haut., 64 c.

25 — **Deux Vases** en porcelaine de Chine, décorés d'oiseaux et fleurs en émaux de couleurs sur fond blanc.

26 — **Un Vase** en porcelaine gris craquelé, décoré de fleurs bleues.

27 — **Un Cabaret** en porcelaine de Chine, décor à personnages, composé de douze tasses avec soucoupes, une théière et un sucrier.

28 — **Trois Vases**, forme cylindrique, décor à personnages.

OBJETS VARIÉS

29 — **Émail**. Vase, de forme balustre hexagonal, à panse aplatie, avec anses formées de trompes d'éléphants. Il est décoré de grands médaillons représentant des kiosques et de petits médaillons d'oiseaux avec encadrements de fleurs et rinceaux sur fond jaune, socle en bois de fer.

Haut., 34 c.

30 — **Ivoire sculpté.** Petit Écran sculpté à jour et orné d'un bas-relief : Personnages dans un parc.

31 — **Ivoire sculpté.** Petit Écran analogue au précédent. Le bas-relief représente un personnage endormi dans un kiosque.

32 — **Ivoire sculpté.** Corbeille à couvercle et anse formée d'une double branche en ivoire finement sculpté et découpé à jour.

33 — **Petite Coupe** ronde, sur son socle hexagonal, en argent niellé, à incriptions, fleurs et frises d'ornements.

34 — **Écran** en bois de fer orné de deux plaques en jade sculpté à jour : Dragons et Plantes.

35 — **Écran** en bois de fer découpé à jour orné d'une plaque en ivoire finement sculpté à paysages, kiosques et massifs de fleurs.

36 — **Petit Écran** en bois laqué rouge et or, avec plaque à deux faces, ornée d'incrustations de nacre et d'ivoire, figurant des plantes et des oiseaux.

37 — **Un autre,** semblable au précédent.

38 — **Pierre de lard.** Un Encrier et un Vase.

39 — **Deux très-petites Tasses** de forme carrée, avec leurs soucoupes en émail, décor d'animaux dans des paysages.

40 — **Laque**. Grande Boîte à lobe, de forme surbaissée, en laque rouge de Pékin, ornée de dragons et ornements gravés.

Diamètre , 44 c.

41 — **Beau Guéridon** en bois de fer sculpté à jour, posé sur trépied à griffes de lion. Dessus en marbre.

42 — **Quatre Écrans** à mains, montures laquées, figures en ivoire.

43 — **Quatre Figurines** chinoises habillées.

44 — **Huit Figurines** en terre cuite et peinte : Types chinois. (Ce lot sera divisé.)

45 — **Deux paires de Chaussures** de dames en étoffe brodée et peinte.

46 — **Éventails chinois**.

47 — **Neuf petites Cannes** en bambou, avec pommeaux et serpents en argent.

48 — **Sept Cannes** à pêche, avec poignées.

49 — **Six Cannes** à pêche à cinq tirages.

PEINTURES, ALBUMS, ÉTOFFES

50 — **Album** contenant douze Peintures sur papier de riz, personnages chinois richement costumés.

51 — **Album** contenant douze peintures très-fines d'exécution : Paysages, vues de Chine.

52 — **Album** de douze peintures : Bouquets de fleurs sur papier de riz.

53 — **Album** de douze peintures sur papier de riz : Supplices chinois.

54 — **Album** de fleurs et plantes.

55 — **Un autre**, plus petit.

56 — **Livre chinois** sur la culture, avec planches gravées.

57 — **Album** de plantes : Fruits et Oiseaux coloriés.

58 — **Peinture** en rouleau : L'Impératrice dans son palais.

59 — **Six Tableaux** chinois, peintures sur verre représentant des paysages avec personnages.

Hauteur, 34 c. ; largeur, 49 c.

60 — **Dessin chinois** sur soie, représentant un groupe de buveurs. Pouvant être utilisé pour écran.

61 à 66 — **Six beaux Stores**, peintures sur soie représentant des oiseaux, volatiles et branchages d'un coloris très-brillant. (Ce lot sera divisé.)
Hauteur, 1 m. 60 c. ; largeur, 87 c.

67 à 75 — **Neuf Tapis** en poils de chèvre à rosaces, oiseaux et ornements sur fond blanc. Ils sont variés de dessins et seront vendus séparément.

—

FOURRURES

76 — **Une Pelisse** agneau blanc de Mongolie.

77 et 78 — **Deux Pelisses** agneaux noirs de Chautong.

79 — **Une Pelisse** renard blanc de Mongolie.

80 — **Une Converture** de voiture agneau blanc de Mongolie.

81 — **Quatre Peaux de martres** zibelines du fleuve Amour.

82 — **Très-belle Peau de loutre** de la mer de Tong-
Haï.

83 — **Une Péau de tigre** royal d'Himalaïa.

84 — **Une Pelisse** chinoise noire.

85 — **Une Peau de panthère** de Mongolie.

Vᵉˢ RENOU, MAULDE et COCK, imp. de la Compagnie des Commissaires-Priseurs,
rue de Rivoli, 144.   27745